ADHDの
子どものための
マインドフルネス

この本のもちぬしの名前

ADHDの
子どものための
マインドフルネス

シャロン・グランド＝著

タイア・モーリー＝イラスト

芦谷道子＝訳

MINDFULNESS ACTIVITIES FOR KIDS WITH ADHD by Sharon Grand, Taia Morley
Copyright ©2021 by Rockridge Press, Emeryville, California
Japanese translation rights arranged with Callisto Publishing, LLC,
through Tuttle-Mori Agency, Inc., Tokyo

ADHDの子どものためのマインドフルネス

2024年9月10日　第1版第1刷　発行

著　　者　　シャロン・グランド

イラスト　　タイア・モーリー

訳　　者　　芦谷道子

発 行 者　　矢部敬一

発 行 所　　株式会社 創元社　https://www.sogensha.co.jp/

本　　社　　〒541-0047　大阪市中央区淡路町4-3-6
　　　　　　TEL 06-6231-9010　FAX 06-6233-3111

東京支店　　〒101-0051　東京都千代田区神田神保町1-2田辺ビル
　　　　　　TEL 03-6811-0662

印 刷 所　　TOPPANクロレ株式会社

デザイン　　堀口努（underson）

ISBN978-4-422-11803-1　C0011

©2024 Printed in Japan

〔検印廃止〕落丁・乱丁のときはお取り替えします。定価はカバーに表示してあります。

JCOPY　〈出版者著作権管理機構 委託出版物〉

本書の無断複製は著作権法上での例外を除き禁じられています。
複製される場合は、そのつど事前に、出版者著作権管理機構
（電話 03-5244-5088、FAX 03-5244-5089、e-mail: info@jcopy.or.jp）
の許諾を得てください。

ADHDの冒険に導いてくれた
ジョシュに、
そしてわたしのパートナーであり、
この冒険の覇者でもある
ブレンデンに、
本書を捧げます。

もくじ

おとなたちへ
8

子どもたちへ
10

キツネのようにかしこく、鳥のように利口に！
12

ふたりのルーシーのしっぽ
44

おしゃれなチワワのビリー・ジーン
76

ADHDのこと、動物たちにきいてみよう！
110

さあ、やってみよう！
114

おとなたちへ

　本書は、注意欠如多動症（ADHD）と共に生きるすべての家族と子どもたちのために、愛と思いやりをこめて作られました。もしかするとあなたは、ADHDと診断されたお子さんのことを理解しようとして、今この本を手にとってくださっているのかもしれませんね。お子さんは、知的でエネルギッシュで、才能があって、深い愛情にあふれているのに、注意を向けたり、話を聞いたり、じっと静かにしていたり、整理整頓をしたり、自分一人で課題をやり遂げたり、といった簡単そうに見える基本的なことがらで困っているのかもしれません。本書はお話やアクティビティを通して、あなたとあなたのお子さんをやさしく導いていきます。

　ADHDは、自制心や整理整頓、計画性、注意力、記憶力などをつかさどる脳の部分に影響を及ぼす神経症状です。子どもがこういった実行機能で困っている場合、課題をはじめたり、整理整頓したり、注意を持続させたり、時間を管理したり、集中を切り替えたり、感情をコントロールしたりすることがむずかしくなるかもしれません。学校の勉強といった持続的な注意が必要なタスクで苦戦するかもしれませんが、いったん楽しんで夢中になると、むずかしそうなタスクにも、すっと集中できるようになります。

　マインドフルネスは、自分自身を観察し、集中する方法を教えてくれる素晴らしいツールです。マインドフルネスはADHDの子どもたちにも役立ち、自己観察能力を高めたり、注意力を鍛えたり、衝動性を和らげたり、ストレスのかかる体験に対処することを手助けしてくれることが示唆されています。もちろん、栄養や睡眠、心理療法、ニューロフィードバック、教育的介入、医学的評価など、考慮すべき大切な支援はほかにもたくさんあります。詳しくは「参考図書」「参考ウェブサイト」のセクション（126-27ページ）をご覧ください。

あなたのお子さんがADHDであってもそうでなくても、その特徴や症状に悩んでいてもそうでなくても、本書がADHDの子どもたちの経験をみなさんとわかち合うきっかけになることを願っています。この本では、3つのお話を通して、ADHDのさまざまな特徴をもっている動物たちの冒険をえがいています。たとえば、鳥のフィグは、エネルギーが強くて、早口で衝動的で、虫に集中しすぎてしまいます。キツネのファーンは、夢見がちで気が散りやすく、まわりに圧倒されやすく、自分の考えに没頭しすぎてしまうことがあります。

お話の中には、いろんなマインドフルネス・アクティビティや、自分の体験をきちんと理解するための問いかけが散りばめられています。これらは、お子さんがADHDとうまくつき合っていくためのスキルやテクニックを学ぶときに役立つでしょう。そしておしまいに、大切なアクティビティや、日常生活にどうやってそれをとり入れられるかをまとめています。そしてさらに、お子さんが学んだことをあなたに披露する楽しい場面で締めくくられています。

この本は、お子さんと一緒に成長できるようにデザインされています。「キツネのようにかしこく、鳥のように利口に！」は幼い子どもたちに向けたお話で、「ふたりのルーシーのしっぽ」と「おしゃれなチワワのビリー・ジーン」はもう少し大きい子ども向けのお話です。前もってお話を読んで準備をし、お子さんのペースに合わせてとり組んでみてください。これらのお話とエクササイズが目指しているのは、お子さんが心地よい気分になり、おちついて集中力を高め、独自の長所を受け入れ、自分は一人ではないことを理解できるようになることです。なにより、これらのお話を読んで、一緒にアクティビティに挑戦してみる特別な時間は、あなたとお子さんにとって有意義で大切な時となるでしょう。

子どもたちへ

ADHDってなんでしょうか？　ADHDにはいろいろな意味がありますが、すべては脳とからだのはたらきに関係しています。もしかすると、一度にひとつのことを考えるより、いろいろなことをいっぺんに考えがちかもしれませんね。ゆっくりすすむより速くすすむ方が、からだが楽だったり、頭の中が考えごとや空想でいっぱいで、なにかを覚えておくのが苦手だったりするかもしれませんね。ものすごくがんばらないと、注意をはらったり、時間を守ったり、じっとしていたりすることがむずかしいかもしれません。一方で、ADHDの子どもは、ワクワクする力、あたらしいものを創り出す力、想像する力、やさしさの力がとくべつに強いのです。だれにでも、かんたんにできることもあれば、がんばらないとできないこともあります。バスケットボールが得意で、算数が苦手な人は、算数ができないのではなくて、がんばらないとできないということなのです。

マインドフルネスという言葉を知っていますか？　マインドフルネスは、今起きていることに気持ちを向けることです。自分のまわりで起きていることに気づくと、集中する力が高まります。マインドフルネスは、悲しいときやイライラしているときに気持ちをおちつかせてくれます。それに、勉強やスポーツ、お友だちとの関係をよくすることにも役立ちます。

ADHDの人は、自分で選んだことならなんでもやりとげるってこと、知っていましたか？　実際、多くのADHDの人が映画スターや科学者、億万長者になって、とてもすてきなことを選んでやりとげているんです！　この本は、マインドフルネスがADHDや日常生活にどんなふうに役立つかを教えてくれます。アクティビティを楽しんで、たくさんのことを学んでくれるとうれしいです。あなたはキツネのようにかしこく、鳥のように利口です。あなたは子犬のように楽しむことも、ウサギのようにあまえることもできます。そして、あなたはまちがいなくチワワのようにすてきです！

キツネのように
かしこく、
鳥のように
利口に！

フィグがおっこちた

フィグは木の高いところにある巣に住んでいました。ある日、フィグはにぎやかになきさわぐきょうだいたちのもとを離れ、緑のはっぱをくぐり抜け、そして…どしん！　とやわらかな地面におっこちました。
叫んでも、飛びはねて羽ばたいても、だれも気づいてくれません。「どうしょう？」フィグはこまってしまいました。

そこに、親切そうなキツネがやってきて、「こんにちは、わたしはファーン。どうしてこんなところにいるの？」と言いました。
「おっこちちゃったの」フィグは巣に帰りたかったのですが、広い森でどうやって巣に帰ればいいかわからなくなり、怖い思いをしていました。

ファーンは羽を拾いました。「見ててね」。ファーンは大きく息を吸って、羽に息を吹きかけました。「羽がひらひらなびくでしょう！」フィグは羽だけをじっと見てみました。そして息を吸い、羽に向かって息を吹きかけてみました。羽は同じように、ひらひらとなびきます！

フィグは、どれくらい長く羽をなびかせることができるかな、と考えました。そしてゆっくりと息を吹きかけ、心の中で「1、2、3、4、5」と数えました。さらに長く吹いてみて、「1、2、3、4、5、6、7、8、9、10」。
フィグの心はだんだんしずかになり、おちついていきました。そしてとうとう、帰り道を見つけたのです！
「ファーン、あの枝にぼくを連れて行ってほしいな。ぼくは、巣に帰る道がわかったんだ！」

14　ADHDの子どものためのマインドフルネス

といかけ

➡ フィグは巣からおっこちて、思いがけない冒険をしました。あなたも、なにか思いがけない冒険をしたことがありますか？

➡ ファーンはフィグの気分をしずめる手助けをしてくれました。あなたを助けてくれるのはだれでしょうか？

➡ フィグは羽を呼吸でなびかせて気持ちをおちつかせました。あなたも羽をなびかせる呼吸ができるでしょうか？

アクティビティ
羽をなびかせる呼吸法

羽を目の前に持って、それをじっと見てみます。

もう片方の手をおなかに当てます。深く息を吸って、おなかがふくらむのを感じましょう。

羽に向かってゆっくりと息を吹きかけます。おなかがへこむのを感じましょう。

羽をなびかせることができますか？

どのくらい長いあいだ、羽をなびかせることができますか？

鼻息で羽をなびかせることができるでしょうか？

ファーンの家

フィグは今日、ファーンの家に行けることを楽しみにしていました。

「ファーンのところへいくんだ」フィグはアンのとなりをスキップして通りすぎ、「ファーンの家で一緒に遊ぶんだ」と双子のマックとミアのまわりをくるくる回りました。

「フィグ、あぶない！」と一番年上のきょうだいのピクセルが叫びました。

「もうちょっとでぶつかるところだったよ」

「ごめんなさい」とフィグは言いました。

ママが笑って言いました。「フィグ、また巣からおっこちて、そのまま遊びに行くことになるかもしれんませんよ」

「この前もそうだったね！」とフィグは言いました。

フィグが飛んでいくと、ファーンが入り口でフィグを待っていました。

「こんにちは、フィグ。いらっしゃい！ 入って！」ファーンの家は、茶色くて大きな家でした。そこはとてもしずかで広くて、土の香りがしました。ファーンとフィグは大きな心地よいクッションに座り、めずらしいおやつ、いろんな種類のベリーをかじりました。小さな赤い実、丸い青い実、大きなむらさき色の実……。ベリーはあまずっぱくて、なんておいしいんでしょう！

キツネのようにかしこく、鳥のように利口に！

ふたりは一つぶずつゆっくりと食べて、全部食べきってしまいました。フィグは、アンがベリーをすきだったことを思い出しました。そういえば、マックとミア、ピクセルも……。フィグはたずねました。
「ファーン、ベリーはまだあるの？」
「森でもっととれるわよ。とりに行きましょうよ！」

といかけ

➡ フィグはうれしいとき、スキップしたり、くるくる回ったりします。あなたはうれしいとき、どんなことをしますか？

➡ ファーンの家は茶色くてしずかです。あなたの家はなに色で、どんな音がしますか？

➡ ファーンの家は土のにおいがします。あなたはどんなにおいがすきですか？

アクティビティ

ベリー・チャレンジ

冷蔵庫の中から、ブルーベリー、いちご、ブラックベリーなど、いろんな種類のベリーを探してみましょう。

そしてそれをよく見てみます。

どんな形をしているかな？　なめらかかな？　でこぼこしているかな？　どんな色をしているかな？

ちょっとかじってみましょう。どんな味がするかな？

ベリーをゆっくり食べることに挑戦してみます。できるだけ長く、一口一口を楽しんでみましょう！

キツネのようにかしこく、鳥のように利口に！　**19**

森の中へ

フィグとファーンはスキップしながら森の中へとすすんで行きました。ファーンはベリーを入れるバスケットを2つ持ってきました。でも、どうやってベリーを見つければいいのでしょう？

フィグは飛び上がったり飛び降りたり、あちこち飛び回りました。フィグの頭の中はわからないことでいっぱいになりました。

「これはベリーなの？」とファーンにたずねました。

「どこにかくれているのかな？　この上にあるのかな？　あそこの下にあるのかな？」

ファーンは答えてくれません。ファーンはフィグの言葉をきくことも、ベリーを探すことも忘れていました。ファーンは野いちごパイの空想にふけっていたのです。

「きいて、ファーン、きいて」フィグはさえずりながら、ファーンのまわりを飛び回りました。

「森の中を歩きながら、ゲームをしようよ。まわりをよく見て、見えるものを3つ見つけよう。まわりの音をよくきいて、きこえるものを2つ見つけよう」

ファーンとフィグは、大きな緑の森を見わたしてみました。

「見てみて」ファーンが言いました。「キノコよ！」

「見つけた」フィグが言いました。「石だよ！」

ふたりの友だちは、キノコや石や枝を見つけました。
そして、鳥やリスの声をききました。
ふたりは目を閉じ、そよ風を感じました。

キツネのようにかしこく、鳥のように利口に！

しつもん

➡ ときどきわたしたちの心はフィグのように速く動きます。頭の回転が速くなりすぎることはありませんか？

➡ ときどき、わたしたちの心はファーンのようにさまよいます。あなたの心は、どんなふうにさまよいますか？

➡ だれかと一緒に遊ぶことは、わたしたちの心をマインドフルにさせてくれます。家族とどんな遊びをするのがすきですか？

アクティビティ

森の名づけ遊び

遊び場所を決めましょう。どこでも遊べます。

ファーンとフィグは、森でキノコや石や枝を見つけましたね。

まわりをよく見て、見えるものの名前を3つあげられますか？

耳をすましてみましょう。なにがきこえますか？　鳥の声？　人の声？　きこえてくるものを2つあげてみます。

自分のからだに注意を向けてみましょう。なにを感じていますか？　お日さまのあたたかさ？　足元のやわらかいじゅうたん？　あなたが感じることができるものを1つあげてみましょう。

虫と木

「この名づけ遊び、楽しいね！」フィグはうれしそうにさえずりました。

「もう1回やろうよ。見て、ファーン、くねくねしたミミズを見つけたよ。ミミズはぬるぬるしてるんだよ。知ってた？」

「キャー！」ファーンは叫んで飛びのきました。

「ぼくはミミズが大すきなの。昆虫もね。昆虫のこともたくさん知ってるよ。ミツバチの目玉には毛が生えているって知ってた？」

「ああ」とファーンは言いました。ファーンは虫がすきではなかったのです。

「クモは虫を捕まえるために、ねとねとした巣を作るんだよ」と、クモの巣にかかったふりをしながらフィグが言いました。

「おもしろいでしょ、ファーン？」

でもファーンはきいていませんでした。ファーンは別の遊びをしたかったのです。虫と関係のない遊びを。ファーンは足をしっかりと地面につけました。そして手を空高くのばしました。

「見て、フィグ！」とファーンは言いました。「わたしは木よ。わたしみたいに木のまねができる？」

フィグは立ち止まって、木のようになるってどういうことなのかな、と考えました。

フィグは、自分の足が根っこだと想像しました。自分のつばさを枝に見立て、羽をはっぱに見立ててみました。フィグは森の空気を深く吸いこみました。そして木のように、おちついてしずかに立ちました。木になることで、フィグは強い気持ちになりました。

キツネのようにかしこく、鳥のように利口に！

といかけ

➡ フィグは昆虫が大すきです！　そして昆虫についてよく知っています！　あなたがよく知っていることはなんですか？

➡ ファーンは虫がすきだと思いますか？

➡ ファーンがなにを感じているか、どうすればわかりますか？

➡ あなたはなにか苦手なものがありますか？

アクティビティ

木のまねっこ

木のまねっこをしてみましょう。

木の根っこのように、右足をしっかり床につけてみます。

左足のつま先を地面につけ、かかとを右足首にくっつけます。

両手を胸の前で合わせ、それから空に向かって手をのばしましょう！

森の中で太陽がかがやいているのを想像してみます。おだやかでリラックスした気分を感じます。しずかで力強い気分を感じとってみましょう。

テントウムシのように

「ぼくは木だよ！　ぼくは木だよ！」

フィグはファーンに向かってさえずりました。フィグはまず、空に向かって羽を広げて大きなニレの木のようなポーズをとりました。それから次に、ヤナギのように羽を地面にたらすポーズをとりました。

「ぼくを見て、ファーン！　木になったよ」

ファーンはフィグを見ませんでした。フィグの声は小さかったし、ファーンの頭は考えでいっぱいになっていました。ファーンは木になりたかったのですが、その木の上をいやな虫にはわれるのがいやだったのです！

「なにしてるの？」とフィグがたずねると、

「虫がいないか探してるの」とファーンが言いました。

「そうなんだ、手伝ってあげる」とフィグは言いました。

そして、フィグは緑のはっぱの上にテントウムシを見つけました。フィグはくすくす笑いました。そのテントウムシはおもしろくて、くねくねしてから、じっと動かなくなりました。

「見て、ファーン、ぼくはテントウムシだよ！」ファーンは笑いました。

テントウムシは怖くなかったし、気持ち悪くありませんでした。

「わたしも遊びたい！」と言って、ファーンはくねくねしてからじっと固まってフリーズしました。ファーンは自分の全身が動くのを感じました。

ファーンは息が出たり入ったりするのを感じました。くねくねフリーズ遊びをして、ファーンは幸せでした。テントウムシになるのはなんて楽しいんでしょう！

といかけ

→ ファーンの頭は考えでいっぱいで、フィグに呼ばれても気づきませんでした！　あなたも、頭が考えでいっぱいになったことがありますか？

→ あなたは、どんな虫になりたいですか？

→ ファーンは、動き回ったときに楽しい気持ちになりました。あなたは、どんなふうに動き回りますか？

アクティビティ

くねくねフリーズ遊び

テントウムシのように動いてみましょう。
「ゴー！」という合図で、からだをくまなく動かしてみましょう！
数秒間からだをくねらせてから、「フリーズ！」という合図で数秒間
じっと固まります。そのまましばらくじっとして、しずけさを感じてみましょう。
用意はいいかな？　もう一度「ゴー！」

アレンジ！

音楽フリーズ
音楽が流れているあいだに踊り、
音楽が止まったらフリーズ！

呼吸フリーズ
フリーズしたまま、深く息を吸い、
ゆっくり息を吐く！

それから「ゴー！」

竹林

フィグとファーンはテントウムシのあとを追って森をすすみました。森はいろいろな色や音に満ち、明るい香りでいっぱいでした。

「見て、フィグ」とファーンが言いました。

「またテントウムシよ！　あっちにも！」

ファーンは虫がすきになりました。ただし、全部の虫ではありませんけどね。

ファーンとフィグは、テントウムシがどんどん自分たちをむかえに出てきてくれるのを見ていました。テントウムシはくるくる回り、飛びます。ファーンとフィグは息が切れるまで、テントウムシたちと一緒に踊りました。

そのうちテントウムシは、1匹、また1匹と森の中に消えていきました。

フィグは顔を上げました。もう道は見えず、まわりには竹が高くそびえていました。たいへん、道にまよっちゃった！

「助けて！　助けて！」

フィグは叫びながら、ヒラヒラと飛びはね、道を探しました。フィグが飛びはねると、足元の竹が音を立てました。ファーンはその音が気に入り、2本の竹を手にとって、ぶつけ合ってみました。

「フィグ……きいて」ポロン、ポロン！

フィグは耳をかたむけました。最初は大きな音がしましたが、その音はだんだん小さくなって、やがてまったくきこえなくなりました。ポロン、ポロン！　フィグの心は、その音とともにしずかになっていきました。ふたりの友だちは、竹林の中で心が安らかになり、一緒にしずかに座りました。

キツネのようにかしこく、鳥のように利口に！

といかけ

➡ あなたはこれまで、怖いと思ったことはありますか?

➡ フィグは怖がっているとき、心がさわがしくなりました。ファーンは竹の音を使って、フィグの心をおちつかせました。あなたは心をおちつかせるために、なにをするのがすきですか?

アクティビティ

チャイム

このアクティビティは、木琴や太鼓、チャイムなど、長く音がなる楽器で行うことができます。

しずかな場所で心地よい姿勢をとります。

深く息を吸い、ゆっくりと息を吐きます。

頭からつま先まで、からだの力を抜きます。

楽器で音をならします。

大きな音が、やがて小さくなって消えていくまで、耳をすませてよくききます。

音がきこえなくなったら、手をあげましょう。

キツネのようにかしこく、鳥のように利口に! 31

ファーンのしっぽ

ファーンは竹林をかぎまわり、道を探しました。ファーンのよくきく鼻は、花や土、キノコのにおいをかぎわけました。よく見える目は、カエルやはっぱ、岩を見つけました。ファーンはあたりをくまなく見回しましたが、道は見つかりませんでした。ファーンは怖くなって、胸がドキドキしました。からだも心も、ぐるぐる回りました。

「ベリーはどこにあるの？　どうやって帰ればいいの？」
ファーンは混乱し、とうとうなにも考えられなくなりました。フィグはぐるぐると回るファーンを追いかけました。
「ファーン、止まって！」
ファーンは歩みを止めました。からだはじっとしていましたが、しっぽは動き続けていました。後ろに前に、ぐるぐると。ふたりはしずかに見守っていましたが、やがてファーンのしっぽの動きはゆるやかになりました。ファーンのしっぽはファーンの感情と同じでした。ファーンの気持ちがはげしく速く動くと、しっぽもはげしく速く動きました。ファーンの気持ちがやわらいでゆるやかになると、しっぽもやわらかくゆるやかに動きました。

ファーンは少しずつしっぽの動きをゆるやかにしていき、そしてついにしっぽの動きが止まりました。ファーンはしずかでおだやかな気持ちになりました。

ADHDの子どものための マインドフルネス

といかけ

➡ ファーンはとてもおびえていて、頭の中がぐるぐる回っていました。これまでに、頭がぐるぐる回ったことがありますか？

➡ フィグとファーンは、ファーンのしっぽに集中することで、おちつきをとり戻しました。おちついてくると、からだや呼吸はどのように変化するでしょうか？

アクティビティ

キツネのしっぽ

毛糸を30センチくらいに切ってもらい、はしっこにボタンを結んでもらいましょう。

もう一方のはしを持って、ボタンを思いっきりくるくると回します。手の動きを止めると、どんどん動きがゆるやかになります。糸が止まるまでよく見ていましょう。

糸の動きに合わせて考えや感情がゆるやかになっていき、糸が止まるときには、あなたの心もおだやかですっきりしているでしょう。

ベリーはどこに？

「ファーン」フィグがたずねました。

「もしベリーを見つけられなかったらどうしよう？」

ファーンは言いました。

「フィグ、わたしたちならできるわ。探し続けましょうよ」

「そうだね、ファーン」フィグは言いました。

「ぼくたちはキノコも木もテントウムシも竹も見つけたよね。ぼくたちは見つけるのが上手だけど、ベリーはかくれんぼが上手なんだね」

ファーンは笑って言いました。「森はベリーのある場所を知っているわ。耳をすましてみて！　森が教えてくれる。わたしたちはその声をきくことができるわ。……木のようにしずかにじっとしてごらん。耳をすませてごらん。目を開いてよく見てごらん。海の波のように、胸のドキドキを感じてごらん。空の雲のように、考えを見送ってごらん……」

ファーンは木のようにしずかにじっと立ちました。感覚がとぎすまされ、心は大きく青い空のようにすんでいきました。ミツバチの羽ばたきに耳をかたむけ、テントウムシがはうのを見ました。くねくねしてフリーズ。突然、ファーンは赤い色の新鮮なベリーが顔をのぞかせている場所を思い出しました。

「ベリーのある場所がわかったわ！　行きましょう、フィグ！」

キツネのようにかしこく、鳥のように利口に！　**35**

といかけ

→ フィグは、きっともうベリーを見つけられないと思いましたね。あなたは、とてもむずかしいことに出会ったときに、あきらめようとしたことがありますか？

→ ファーンは道にまよって、ベリーのある場所を忘れてしまいました。あなたは、なにか大切なものをなくしたことがありますか？そのとき、どんなことをしましたか？

アクティビティ

キツネのようにしずかに

居心地のいい場所を見つけて座りましょう。

胸に手を当てて呼吸をします。

波のように胸が上がったり下がったりするのを感じて、じっとしずかにしてみます。

呼吸が出たり入ったりをするのを感じます。

感覚をとぎすませてみましょう。

目を開きます。

耳をすませます。

からだを感じます。

雲のように考えごとがすぎさっていきます。

心がすんでいきます。

つばさを広げて

ファーンはベリーがどこにあるか思い出しました。けれど、どうやってそこに行けばいいのか、わかりません。

「ここからじゃ道を見つけられないわ」ファーンは言いました。

フィグは空にまい上がれば道が見つかることを知っていました。でも、怖かったのです。これまで、そんなに高く飛んだことはなかったんですもの。でもフィグは勇かんでもありました。フィグは美しいつばさを広げて飛びたち、枝をこえて木のてっぺんまで飛びあがりました。そして、青空に向かって飛び立ちました！

「やっほー！」とフィグは叫びましだ。

フィグが見下ろすと、下には森が広がって見えました。すべてがしずかでおだやかで、フィグは安らぎを感じました。ファーンは空を飛ぶフィグを追いかけながら森を抜けました。そしてふたりの友だちは、竹林から出る道を見つけたのです。ひとりは上から、そしてもうひとりは下から。ふたりは木々のあいだを通り抜け、テントウムシを通りすぎ、そしてとうとうしげみのかげからベリーが顔を出しているのを見つけました。

フィグとファーンは歓声を上げました。ふたりはベリーをつみ、バスケットをいっぱいにしました。

といかけ

- フィグは勇かんでしたね。あなたは自分が勇かんだったときのことを覚えていますか？
- フィグとファーンはこまった問題を解決し、ベリーを見つけました！　こまった問題を解決できたら、どんなごほうびがほしいですか？
- フィグは、空の上で安らぎを感じていましたね。あなたが安らぎを感じるのは、どんな場所ですか？

キツネのようにかしこく、鳥のように利口に！

アクティビティ

鳥の目で見る

背すじをのばして立ち、両手をつばさのように広げてみましょう。

両足はしっかりと床につけます。

今度は、空高くまい上がる自分を想像してみます。

すずしい風を感じます。

からだが安定し、浮き立つのを感じます。

青空のように心をすませてみます。

まわりを見回して、すべてをいつもとちがったふうに見てみましょう。

おうちへ帰ろう

フィグとファーンは家に帰ることにしました。森は暗くなり、バスケットはベリーでいっぱいでした。

歩きながら、フィグとファーンはこれまでに学んだことを話しました。ファーンはマインドフルによく見ることを学びました。フィグはマインドフルにきくことを学びました。ファーンはじっとしずかにいることを学びました。フィグは高く飛ぶことを学びました。フィグとファーンはこのうえない友だちです。ふたりはわかれ道にさしかかりました。さて、どっちへ行けばいいのかな？

「見て、ファーン」フィグがどろだらけの足あとを指さしました。
「キツネと鳥の足あとだ。ぼくたちだよ！　これをたどれば帰れるね！」
ファーンは感覚をとぎすまし、心をしずめました。足あとだけを見つめました。そして一歩一歩足あとをたどりました。どろだらけの足あとがファーンとフィグを家族のもとに連れて帰ってくれました。

その夜、ファーンはパパと一緒にベリーのパイを作りました。フィグ、ママ、パパ、アン、マック、ミア、ピクセル、みんなが家にきてくれて、一緒にパイを食べました。ごちそうさま！

フィグとファーンは星空の下で一緒に座りました。今日の冒険はおわり、ふたりはよろこびに満ちていました。「楽しかったね」とフィグが言うと、「明日もまたね！」とファーンが言いました。

キツネのようにかしこく、鳥のように利口に！

といかけ

→ ファーンとフィグは親友です！　あなたの親友はだれですか？

→ ファーンはパパと一緒にパイを焼いて、みんなにふるまいました。あなたがみんなにあげたいものはなんですか？

→ ファーンとフィグは星空の下で一緒に座っていました。あなたは夜、どんなふうにゆっくりすごしますか？

アクティビティ
足あとをたどって家に帰ろう

フィグとファーンがベリーを探して家に帰るまでの道のりを、足あとをつないでたどってみましょう。

ふたりの
ルーシーの
しっぽ

あたらしい仲間づくり

「動物仲間のスカウトへようこそ！」

体育館の看板には、こんなふうに書かれていました。

ウサギのルーシーはおずおずしながら、お母さんの手をにぎりしめました。体育館は笑い声、叫び声、なにかがぶつかりあう物音でいっぱいでした。何十人ものスカウトたちが、立場によってちがう色あざやかなベストを着ていました。ウサギのルーシーは緑色のユニフォームに名札と、"新メンバー"と書かれたピンをつけました。

「きゃあ！」担当者のワシのスカウトが飛んでやってきたので、ウサギのルーシーはおどろきました。

「ようこそルーシー！　楽しんでいってね」ワシはやさしく笑って言いました。

ルーシーとお母さんが外に出ると、カメがテントをはり、ウッドチャックがまきをくべ、クマがハチミツを運んでいるのが見えました。

「あぶない！！」金色の毛なみの子犬がルーシーにぶつかりそうになりました。

そして「ごめんなさいね、ダンスがあまり上手じゃないの」と笑顔で言いました。

子犬はルーシーの名札を指さし、それから自分の名札も指さしました。「まあ、わたしの名前もルーシーよ！」。

子犬のルーシーはホタルの輪の中でダンスをするグループに戻っていきました。

ウサギのルーシーははずかしがりやでしたが、一緒に踊りたいと思いました。

そして、先生から、おちついて勇気を出すための「ウサギのボディスキャン」を教わったことを思い出しました。

ADHDの子どものためのマインドフルネス

といかけ

→ あなたは、あたらしい場所に行って怖いと感じたことはありますか？　そのとき、なにが勇気をくれましたか？

→ あなたはしずかな場所がすきですか？　それともさわがしい場所がすきですか？

→ たくさんの色や音がごちゃごちゃまじっている場所に、行ったことがありますか？　それはどんなところでしたか？

アクティビティ

耳からしっぽまでウサギのボディスキャン

1. しずかな場所を見つけて、いすに座るかねころびましょう。おなかに手を当てて、ゆっくりと3回、深呼吸をします。

2. 鼻から息が出入りするのを感じとります。
目、鼻、口に思いを向け、どのような感じがあるか、リラックスして感じとっていきます。

3. からだの残りの部分を、下に向かってつま先まで、ひとつずつ順番に注意を向けていきます。からだのどこかが熱く感じたり、冷たく感じたり、リラックスしていたり、おちつきがなかったりするでしょうか。そこに気づきを向け、力をゆるめてみます。

4. 呼吸をするたびに、気持ちがおちつき、リラックスしていくのを感じましょう。

ルーシーがルーシーに出会う

子犬のルーシーが、ダンスフロアからウサギのルーシーに手をふりました。

ウサギのルーシーのお母さんは、ルーシーにいってらっしゃいとキスをしました。

ウサギのルーシーは勇気を出して飛びはねました。鼻をピクピクさせ、耳をふるわせ、しっぽを上下にふりまわしました。左にはね、右にはね、もう2回くりかえし！　子犬のルーシーも同じようにしっぽをふります。ふたりのルーシーはころげ回って、おどけて笑いました。

ふたりのルーシーは走っておやつのテーブルにいき、飲み物を飲みました。子犬のルーシーは、ほこらしげにハチミツ色の大きなクマを指さしました。

「あれはわたしのお父さんよ。わたしは養子なの。にているから、わかりにくいかもしれないけど」

子犬のルーシーはウサギのルーシーに、いたずらっぽくにっこりほほえみました。

ウサギのルーシーは子犬のルーシーに、かわいい茶色ウサギのお母さんを紹介しました。

ふたりのルーシーにはにているところがたくさんありました。

ふたりとも図工が大すきで、ポップスターのDJ ドレイパーとチワワ・ワンダーが大すきでした。

「あなたみたいに踊れたらいいな」子犬のルーシーは言いました。

ふたりのルーシーのしっぽ　　49

「わたしが教えてあげる」とウサギのルーシーが言いました。
「かんたんよ！　いくつかステップをふんで、音楽に合わせてからだを動かすだけでいいの。まずは音楽に気持ちを向けて、マインドフルに耳をすませてみて」

といかけ

→ ふたりのルーシーは、図工とDJドレイパーがすきでしたね。あなたがすきなものはなんですか？

→ ふたりのルーシーには、にているところがたくさんありましたね。あなたは自分ににている人を知っていますか？

→ ウサギのルーシーはダンスが上手です！　あなたがほかの人とちがっていて、とくべつなところは、どんなところですか？

アクティビティ
音楽に耳をすませる

音楽をかけてみましょう。目を閉じて、しずかに耳をすませます。その曲をきいて、どんな気持ちになりますか。すきでもきらいでもかまいません。ただ、音楽に合わせて心を動かしてみます。

すべての楽器の音がきこえますか？　楽器ひとつひとつに注意を向け、それぞれの演奏をききわけてみます。

もしよければ、拍子の音に合わせて手をたたいてみます。そして踊りたくなったら、踊りましょう！

ふたりのルーシーのしっぽ　51

チワワ・ワンダー

ふたりのルーシーは目を閉じました。ふたりは手をつないで、音楽に耳をすませました。子犬のルーシーは、ドラムのバンババンというリズムと、キーボードの電子音に気づきました。そして目を開け、手をたたきはじめ、いつのまにか音楽に合わせて踊っていたのです！

とつぜん、体育館中にスピーカーの音がひびきわたりました。
「D.Jドレイパーの最新ヒット曲！　チワワ・ワンダーよ！」

ベース・ギターが、やわらかなハミングから一気に音量を上げると、会場は叫び声でいっぱいになりました。あちこちからスカウトたちがダンスフロアにかけ寄ってきました。ウッドチャック、アナグマ、ビーバーが飛びはね、ネコがものかげからそっとしのび寄り、ホタルがまい、コウモリが飛び出してきました。

「さあ、行こう！　さあ、行こう！」
スカウトたちは歌詞に合わせて叫びました。
「あとからやってきた子どもたち、手をふってしっぽを追いかけてごらん！」
おとなたちも拍子に合わせてからだをゆらしました。子犬のルーシーは音楽に合わせて動きました。ウサギのルーシーは、子犬のルーシーのまわりを飛びはねました。スカウトたちはひとかたまりの大きな集団になりました。ウサギのルーシーは思いました。こんなに楽しいことははじめて！

ADHDの子どものためのマインドフルネス

といかけ

→ ふたりのルーシーはDJドレイパーの曲が大すきです！　あなたが踊るときにお気に入りの曲はなんですか？

→ ときには、すきなだけ走ったり、叫んだり、くねくね動いたりできるような場所があるといいですね！　あなたが動きたいように動ける場所はどこですか？

アクティビティ
わたしのお気に入りの曲

すきな歌をきいているときの気持ちを絵にかけますか？　色えんぴつかクレヨンをとり出して、次のページのわくの中にすきな曲のタイトルを書きましょう。
歌詞の一部を書き出すこともできます。すきな歌をきいたときのことを、絵にかけますか？　どんな気持ちになりましたか？　踊りましたか？　ほほえみましたか？　それとも飛びはねましたか？

ふたりのルーシーのしっぽ　53

わたしのお気に入りの曲 ……………
………………………………………………

ウサギのルーシーのトントン拍子

DJドレイパーの歌がおわりました。

「それでは、スカウトたち！　ランチの時間にしましょう！」

とワシのスカウトが頭上を飛びながら言いました。

ウサギのルーシーはまだ元気いっぱいで、踊りを続けたいと思いました。でも音楽がおわると、スカウトたちはランチを食べるためにテーブルに移動しました。ウサギのルーシーはみんなに合わせようと思い、みんなと一緒にテーブルに座り、しずかにしようとしました。でも足がじっとしていてくれません。足は飛びはねたがります！　耳はゆらゆらゆれたがって、しっぽはぴょんぴょんはねたがっていたし、鼻はピクピク動きたがります！

「じっとして」ウサギのルーシーは自分に言いきかせました。

ルーシーは深呼吸をして、からだが動かないように力を入れました。ピクピク！それでも鼻が動きます。ルーシーは手で鼻をこすり、ニンジンをカリカリ食べはじめました。トントン！　それでも足が動きます。ルーシーは足を止めようとしました。トントントン！　足は動き続けます。トントントントン！　ルーシーは、言うことをきかない足をピクニックテーブルの下にかくそうと、席を立ちました。だれにも気づかれたくなかったのです。

ふたりのルーシーのしっぽ　55

といかけ

➡ ウサギのルーシーは、からだをじっとさせることに苦労しています。

あなたは、じっとしていることに苦労したことがありますか？　そのときあなたはどこにいましたか？

➡ ウサギのルーシーは、からだが動いているのをほかの仲間に見られたくありません。なぜそう思うのでしょう？

アクティビティ
地面に足をつける

立ち上がって、地面についた足に気持ちを向けてみます。おちついて呼吸をします。からだ全体の筋肉をリラックスさせましょう。目を閉じて、木のように根をはり、地面と深く足がつながっている自分を想像してみます。足が地面にふれていることに気づきを向けると、地面があなたを、強くて、おちついて、しずかな気持ちにさせてくれるでしょう。おだやかさを全身に広げていきます。

ふたりのルーシーのしっぽ　57

子犬のルーシーの
マインドフル・マジック

トントントン！　ウサギのルーシーの足がテーブルの下でなりました。何人かの仲間がその音をきいて、なんの音かなと不思議に思いました。ミルクセーキをすすっていたふたりのネコがくすくす笑いはじめました。

トントントン！　言うことをきかない足の音にほかの仲間も気づきはじめたので、ウサギのルーシーの顔はまっかになりました。

子犬のルーシーがウサギのルーシーのテーブルにやってきました。

「ねえ。ちょっとびっくりさせたいことがあるの！　ついてきて」

子犬のルーシーは動物ビスケットを両手にいっぱいとって、友だちをしずかな場所に連れて行きました。

「もうひとつ、わたしたちがにているところがあるの。あなたの足はトントンと動き続けたがるでしょう。わたしのしっぽはずっとゆれ続けたがるの。お話の時間に、しっぽがゆれて友だちの鼻にあたっちゃって、みんなにくしゃみをさせちゃったこともあるの。しずかにしなくちゃいけない時間に、しっぽが先生の机のえんぴつ立てをたたきおとしたこともあるのよ！」

ウサギのルーシーは泣きたい気持ちでしたが、子犬のルーシーのお話をきいて笑ってしまいました。

「あなたはダンスしていたとき、マインドフルだったわ」子犬のルーシーは言いました。

58　ADHDの子どものためのマインドフルネス

「いつだってマインドフルになれるのよ。食事のときだってマインドフルになれる。マインドフルになれば、からだを動かすのを止めなくちゃならないときに、からだがおちついてくるの。動物ビスケットゲームを一緒にやってみる？」
ウサギのルーシーは、うれしそうにうなずきました。

といかけ

→ 子犬のルーシーは、ウサギのルーシーがはずかしかったり悲しかったりしたときに、気持ちを楽にしてくれましたね。いやなことがあったとき、あなたの気持ちを楽にしてくれるのはだれですか？

→ ネコたちがウサギのルーシーをくすくす笑うのは、いいことだと思いますか？　そしてそれはなぜでしょう？

アクティビティ
動物ビスケット

動物ビスケットを手に持ってみましょう。

それをよく見てみてください。なんの動物かな？

ふれてみましょう。つるつるしている？　それともざらざらしているでしょうか？

1枚割ってみて、その音をきいてみます。それはやわらかい音でしょうか？　それとも固い音でしょうか？

においをかいでみましょう。どんな香りがしますか？

ちょっとかじってみます。ゆっくりかんで、味を感じてみましょう。

おいしいですか？　口の中には、どんな感じがありますか？

もう一口食べて、もう一度観察してみましょう。

ニンジンでいっぱいのこころ

ウサギのルーシーは気持ちがおちついてきました。そして子犬のルーシーと食卓に戻り、ニンジンやビスケットなどのお菓子をほおばりました。子犬のルーシーは、動物仲間のスカウトに参加するのがどんなに楽しいか、話してくれました。

「毎月キャンプがあるのよ」子犬のルーシーは言いました。

「カメたちがテントのはり方を教えてくれるの。あなたはどんなバッジがほしい？わたしはね、もちろん、キャンプとアーチェリーとアートのバッジがほしいわ」

ウサギのルーシーは友だちの話をよくききたいと思いました。でも、その日の朝はいそがしくていろんなことがあったので、心がほかのことを考えはじめました。

「お菓子作りのバッジってあるのかな？」ルーシーは考えこみました。「ママならきっと手伝ってくれるわ。なんのお菓子を焼こうかしら？」テーブルの上のニンジンに心がひかれます。ウサギのルーシーの頭の中には、ニンジンケーキやニンジンマフィンが浮かび、そして、宝箱の中にあふれるうすいニンジンのコインが浮かびました。

ウサギのルーシーはいっしょうけんめい友だちの話をきこうとしましたが、頭の中はニンジンでいっぱいになってしまったのです！

ふたりのルーシーのしっぽ **61**

といかけ

→ ウサギのルーシーはいそがしい朝をすごしました。動物仲間のスカウトに参加して、あたらしい友だちを作り、あたらしいことを学びました。あなたは最近、いそがしい一日をすごしたことがありましたか？ そのとき、どんなことをしましたか？

→ ウサギのルーシーは、いろんなことがあった朝をすごしたあと、友だちに気持ちを向け続けることができなくなりました。あなたは、話をきくのがむずかしいと感じたことがありますか？

アクティビティ
ニンジンを数える

ウサギのルーシーがニンジンを見つけて数えるのを手伝ってあげられるかな？ニンジンを見つけて、色をぬりましょう。

ふたりのルーシーのしっぽ 63

ガーデン・ゴーファーのお手伝い

おやつがおわると、ふたりのルーシーは、ほかのスカウトたちと一緒にテーブルを片づけました。

「みんなでやると、作業は楽になるのさ」とワシのスカウトは元気よく言いました。「よし、スカウトたち、行くぞ」。

みんなは川ぞいの大きな原っぱに飛び出し、もっとたくさんの活動を楽しみました。カメたちは大きなテントの下でゲームをしました。

ネコのカウンセラーは、幼いスカウトたちにアーチェリーの矢の作り方を教えてくれましたし、ゴーファーは大きな庭で、植物に水をやるためにダムをどうやって使うか、じっさいにやって見せてくれました！

ふたりのルーシーは、バジル、ミント、チャイブをうえるために、庭の穴ほりを手伝いました。子犬のルーシーは、穴ほりがとくべつ上手でした。

「いつもは地面からはっぱをほり出しているの！」

と子犬のルーシーはうれしそうに言いました。

「かわりにうめるのが、楽しいわ」

川のせせらぎがきこえ、新緑のはっぱの香りにつつまれ、お日さまはあたたかくかがやいていました。ウサギのルーシーは、おばあちゃんが教えてくれたように、庭は瞑想するのにぴったりの場所だと思いました。

子犬のルーシーは言いました。

「ちょっとのあいだ、目を閉じてみない？」

ふたりのルーシーは目を閉じました。川の音をきき、ハーブの香りをかいで、からだの上半分はあたたかなお日さまを感じ、下半分はすずしい地面を感じました。いろいろなものに気づきを向けるほど、ふたりの気分はよくなっていきました！

といかけ

→ 子犬のルーシーは土をほるのが得意です！　あなたはなにが得意ですか？

→ ふたりのルーシーは目を閉じて瞑想しました。ふたりは川の音、お日さまの感覚、バジル、ミント、チャイブの香りに気づきました。あなたは目を閉じると、なにに気づきますか？

アクティビティ

うさぎさん目をつむる（瞑想）

いすに座るか、ねころぶ場所を見つけて、目を閉じます。
おちついて呼吸をします。

なにがきこえますか？　まわりの音に耳をすませてみましょう。

からだにはどんな感じがありますか？　からだはリラックスしていますか？　それとも固くなっていますか？　心地よい感じがありますか？　必要であれば少し時間をとって、もっと心地よくなるようにしてみましょう。

呼吸を続け、自分が今どう感じているかに注意を向けてみます。考えがほかのことにそれたら、それぞれの考えを泡で包んで、そうっと吹き飛ばします。そして、自分の感覚や呼吸、からだにもう一度注意を向けましょう。

折れ曲がったバジル

ウサギのルーシーと子犬のルーシーは、目を閉じて日なたぼっこをしていました。平和でしずかな時間でした。

そのとき、ウサギのルーシーの耳のそばを、なにかがびゅんと通りすぎました。
「あぶない！」
目を開けると、まっさおなフリスビーがバジル畑にころがっていました。たくさんの小さな緑のはっぱが折れ曲がっていました。子犬のルーシーの目は、涙でいっぱいになりました。
「ごめんね！」と子どものカメが、フリスビーを拾い上げました。
ウサギのルーシーが顔を上げると、親切なゴーファーがスコップを持ってこちらにやってくるのが見えました。

ふたりのルーシーのしっぽ

「大丈夫。ちょっと見てみようね」とゴーファーは言いました。

「おや、おや。バジルはまた元気に育つよ。強い植物だからね。でも、きみたちの気分はどうかな？」

「おなかが痛い。それに、胸も痛いわ」子犬のルーシーが言いました。

ウサギのルーシーは顔が熱くなり、からだが固くこわばっていました。

「それは気持ちをあらわしているんだ。きみたちの心とからだの中で起こっていることなのさ」

ゴーファーはいくつかの絵をとり出しました。そこには、うれしそうな顔、悲しそうな顔、おこっている顔、怖がっている顔がかかれていました。

子犬のルーシーは、おなかが痛くなった理由が急にわかりました。

「わたしは悲しいんだわ」とルーシーは言いました。

「わたしはおこっているの！」とウサギのルーシーは言いました。

ゴーファーは言いました。

「だれにでも気持ちはあるんだよ。気持ちに名前をつけると楽になるんだ！」

といかけ

子犬のルーシーは悲しくなるとおなかが痛くなり、ウサギのルーシーはおこると顔が熱くなりましたね。

➡ からだのどこに悲しみを感じますか？

➡ からだのどこにいかりを感じますか？

➡ からだのどこにおそれを感じますか？

➡ からだのどこに幸せを感じますか？

アクティビティ
説明しにくい気持ちに 名前をつけてみよう

わたしたちはみんな、気持ちを持っています！

楽しい気持ちもありますね。たとえば、うれしいとか、ワクワクするとか、勇気がわいてくるとか。

困難な気持ちもありますね。おこったり、悲しんだり、怖がったり。

気持ちに名前をつけると、気持ちはよりおだやかになります。

気持ちに名前をつけると、もっとはっきり考えることができるようになります。

気持ちに名前をつけると、自分の気持ちをほかの人に伝えるのに役立ちます。

自分のからだが感じる気持ちに気づいて、あなたが今感じていることを書き出してみましょう。

たとえば、「**わたしはおこっている**」とか。

....

....

....

....

ふたりのルーシーのしっぽ **69**

キャンプファイヤーを囲んで

ふたりのルーシーとゴーファーはバジル畑を直しました。

空がだんだん暗くなってきて、たき火のけむりの香りがただよってきました。

さあ、お話の時間です！

子犬のルーシーのお父さんが、たき火のそばでスカウトたちの前に立ちました。

「わたしの名前はセバスチャン。今からお話をするよ。クマとミツバチのお話のはじまり、はじまり」

クマのセバスチャンは、500匹のハチといさましく戦い、ひとつぼのハチミツを手に入れたときのことを話しました。そしてほこらしげに、そのつぼをスカウトたちに見せました。するとそのとき、ぶんぶん！ と1匹のハチがやってきて、セバスチャンの鼻の上にとまったのです。

「わあ！ 助けて！」

セバスチャンは叫んで、両うでをばたばたとさせました。ハチミツのつぼは手から飛びあがり、セバスチャンの大きなふさふさの頭の上に、さかさまにおちました。セバスチャンはおどろいて耳をふり、みんながいっせいに笑いました。

ウサギのルーシーはほほえみながらスモアを作って、その上にニンジンをトッピングしました。そして、今まで学んだことを思い出しながら、ゆっくりと一口かじりました。この一口のおかげで、動物ビスケットゲームのときと同じように、ルーシーは火のそばの丸太の上にしずかに座っていられたのです。

〈訳注〉スモア：アメリカやカナダで、キャンプファイヤーでよく作られる伝統的なデザート。焼いたマシュマロとチョコレートを2枚のグラハムビスケットで挟んで作る。

ADHDの子どものための マインドフルネス

といかけ

→ クマのセバスチャンは、いさましくておっちょこちょいですね。あなたがいさましかったのはいつですか？ おっちょこちょいだったのはいつですか？

→ ウサギのルーシーはスモアにニンジンをのせて食べるのがすきです。あなたは、なにかあたらしい食べ物を思いついたことはありますか？ それはどんな食べ物でしょう？

→ ウサギのルーシーはニンジンが大すきです。あなたのすきな食べ物はなんですか？

アクティビティ
スモアを作ろう

スモアはサンドイッチのようなものですが、パンのかわりにグラハムビスケットを使い、中に焼いたマシュマロとチョコレートをつめます。自分だけのスモアをデザインしてみませんか？ ウサギのルーシーはスモアの上にニンジンをのせてみました。あなただけのスモアをかいてみましょう。

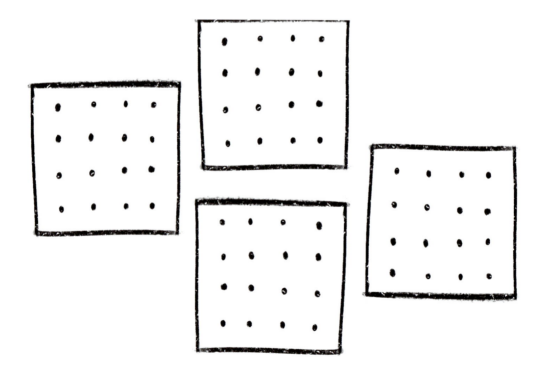

とくべつな日記帳

ほのおがだんだん小さくなり、空に星があらわれたころ、お別れの時間がやってきました。子犬のルーシーとウサギのルーシーは、だき合いました。

「さようなら、ルーシー」とふたりは言いました。

「またすぐ会おうね！」

ウサギのルーシーのお父さんとお母さんが、弟や妹たちを連れて、ルーシーをむかえにきました。そしてみんなで飛びはねながら帰りました。

「楽しかったかい？」とお父さんがききました。

ルーシーはダンスパーティーのことやバジル畑のことを話しました。そして子犬のルーシーとクマのセバスチャンのことを、とくに大切に、うれしそうに話しました。ルーシーが、セバスチャンの頭にはちみつのつぼがおっこちたまねをすると、ルーシーの弟はきゃっきゃっと笑い続けました。

その夜、ウサギのルーシーはきょうだいたちといっしょに、あたたかなベッドでぬくぬくと丸くなりました。頭の中はその日のできごとでいっぱいで、ルーシーは眠れませんでした。そんなおちつかない夜のために、ルーシーはとくべつな日記帳を持っていました。ルーシーは日記を開いて、動物ビスケットとバジル畑をかきました。毛皮にそそがれたあたたかいお日さまを思い出しながら、絵をかき、たき火に色をぬりながら、夜空にパチパチと燃える火を思い出していました。

ルーシーは自分の気持ちに名前をつけました。彼女は幸せで、居心地がよく、愛されている、と感じました。

ふたりのルーシーのしっぽ　　73

といかけ

➡ ルーシーのお父さんときょうだいは、ルーシーが安全に家に帰れるように見守ってくれましたね。
あなたの家族はどんなことをしてくれますか？

➡ ルーシーは眠れないとき、日記に絵をかきます。
眠れないとき、あなたはなにをしますか？

➡ ルーシーは自分の気持ちに名前をつけました。彼女は幸せで、居心地がよくて、愛されている、と感じました。あなたはなにを感じていますか？

アクティビティ
日記をつけよう

ウサギのルーシーのように、絵をかいたり、かざったり、お話を書いて、日記をつけることができます。日記には……

⟩ その日のことを絵にかいたり、文字で書いたりしてみましょう。

⟩ 毎晩、うれしかったことを絵にかいたり、文字で書いたりしてみましょう。

⟩ あなたが行ってみたい場所や、ほしいものの写真をはりましょう。

⟩ あなたにとって大切な言葉や絵を、コラージュしてみましょう。

〈訳注〉コラージュ：すきな絵や写真、文字を切りとって、紙にはりつけること。

おしゃれな
チワワの
ビリー・ジーン

ビリー・ジーンの朝の日課

チワワのビリー・ジーンは学校に行く準備をするのが大すきです。ていねいに毛なみをととのえ、歯をみがきます。パリのル・ボン・マルシェで買った赤いセーターを着て、つめはあざやかなピンク色にぬります。そしてかがみの前ではねながら、ほほえみました。

ビリー・ジーンは、読むことと書くことが大すきで、担任のベリー先生のことはもっとすきでした。ベリー先生は、3年生で一番やさしい先生だと評判でした。それでも、学校の勉強のことを考えると、ビリー・ジーンはおなかが少し痛くなりました。

ビリー・ジーンが学校でうまくふるまえるかどうか気にしているなんて、だれも知りませんでした。ジーンはいつもえんぴつをなくし、授業にはしょっちゅう遅刻し、宿題やお弁当袋などの忘れ物も多かったのです。先生はときどき、授業中に「今は〜をする時間ですよ」とビリー・ジーンに思い出させてくれました。ビリー・ジーンは、とてもこまりごとが多かったので、2年生のときにサングラスをかけはじめました。そのために、ビリー・ジーンが集中しているのかいないのか、だれにも気づかれなくなりました。

ビリー・ジーンは一息ついて、自分のわんパッドを起動し、"子犬のヨガ"を検索しました。ハイパー・パピーのビデオを見ると、ストレッチをすればおちついて集中できると安心させてくれます。ハイパー・パピーの言うことが合っていますように！　とビリー・ジーンは願いました。

ADHDの子どものための マインドフルネス

といかけ

→ ビリー・ジーンは学校についていろんな思いを持っています。あなたは学校のどんなところがすきですか？　学校について、なにか心配なことはありますか？

→ ベリー先生は3年生で一番やさしい先生です。あなたの先生のいいところはどこでしょう？

→ 宿題を忘れたことはありますか？　集中できなくてこまったことはありますか？　注意をうながされることがありますか？

おしゃれなチワワのビリー・ジーン

アクティビティ

子犬のヨガ・ストレッチ

まずよつばいになります。

両手を一歩前に出します。

おしりをかかとの上におろし、頭が床につくまで両手を前にのばします。うではのばしたままひじを床からはなし、つま先を下に丸めます。この姿勢を「子犬のポーズ」と呼びます。

指先をのばして何度か深く呼吸し、全身の筋肉をのばしてリラックスさせましょう。

パリ…

子犬のヨガをやって、ビリー・ジーンは気分がよくなりました。そして、クローゼットを開けました。クローゼットは、おばあちゃんがパリのおしゃれなお店で買ってくれたセーターやリボンでいっぱいです。ビリー・ジーンは、エッフェル塔で見たライトアップのように、キラキラとかがやく赤いリボンをえらびました。それはなんてすばらしい一日だったことでしょう！　ビリー・ジーンとおばあちゃんは、セーヌ川のほとりで生演奏をききました。チョコレートやチーズをわけ合い、バゲットを丸ごと食べました。

ビリー・ジーンはおばあちゃんに会いたいと思いました。ビリー・ジーンはパリでおばあちゃんといっしょにいる絵をかこうと決め、紙とクレヨンを用意しました。大きな茶色のエッフェル塔。きれいな青い空。ピンクのドレスを着たおばあちゃん。あれ、ピンクのクレヨンはどこ？　うーん……箱の中にはありません。昨日はあったんだけど。

見つけた！　クレヨンは学校の教科書の横に置いてありました。そして教科書を見て、ジーンは学校に行く用意をしていたことを思い出しました。しまった！　ビリー・ジーンは時計を見ました。また遅刻しちゃう！　あわててサングラスをつかんで、家を飛び出しました。

おしゃれなチワワのビリー・ジーン

といかけ

➡ おばあちゃんはビリー・ジーンにとってとくべつな存在です。あなたの家族の中で、あなたにとってとくべつな人はだれですか？ その人と一緒になにをするのがすきですか？

➡ ビリー・ジーンはおばあちゃんのことで頭がいっぱいになって、学校に行く用意をするのを忘れてしまいました。あなたは、考えごとや空想をしていて、遅刻してしまうことはありますか？

アクティビティ

ジーンのセーターに色をぬろう

ビリー・ジーンはぬり絵がすきです。色をぬることは、クリエイティブで楽しいことです！　そして、今という時間にとどまり、しずかに集中することに役立ちます。

ビリー・ジーンのセーターに色をぬってみましょう。ビリー・ジーンのすきな色は赤ですが、あなたのすきな色や柄でぬってもかまいませんよ。

メインストリートのおさんぽ

ビリー・ジーンは急いで外に出て、学校へ行くためにメインストリートを急ぎました。遅刻しそうだったので、急ぎたかったのです。

お日さまは黄色くかがやき、空はあざやかな青色でした。ビリー・ジーンは新鮮な空気を深く吸いこみました。ビリー・ジーンの足は歩道でピタピタと音を立て、その横をバスや車が通りすぎていきます。刈ったばかりの草や、ヤグルマギク、デイジーの香りがします。ビリー・ジーンは歩みをゆるめ、花びらが鼻にやわらかくふれる感覚にひたってみました。美しいチョウが目にとまり、花から花へと羽ばたく姿を追いかけました。サングラスを通して、リスが大きな木をよじのぼり、3羽のひながいる巣のそばを通りすぎるのが見えました。

いろいろなものを見れば見るほど、ビリー・ジーンは急がなくなりました。じつのところ、ビリー・ジーンはメインストリートのおさんぽが楽しくて、すっかり満ちたりていました。ビリー・ジーンは時間を忘れ、学校の心配もしなくなり、おなかもまったく痛くなくなりました。幸せでおだやかな気持ちになりました。それはとてもすてきな時間だったのです！

といかけ

➡ ビリー・ジーンはさんぽの途中でたくさんのものに気づき、ほかのことは考えませんでした。あなたはどのようなことをしているときに、めいっぱい集中しますか？　あてはまるものに丸をつけてみましょう。

◉ ぬり絵をするとき？　　はい / いいえ

◉ 本を読むとき？　　はい / いいえ

◉ お菓子を作るとき？　　はい / いいえ

◉ スポーツをするとき？　　はい / いいえ

◉ 水泳をするとき？　　はい / いいえ

◉ 自転車に乗るとき？　　はい / いいえ

➡ あなたが集中してすることはほかにありますか？

....

....

....

おしゃれなチワワのビリー・ジーン　**85**

アクティビティ

自分をさんぽに連れ出そう

ビリー・ジーンのようにマインドフルに歩きたいですか？

おとなと一緒に外に出かけてみましょう！　なにに気がつきますか？

暑いですか？　それとも寒いでしょうか？

昼間ですか？　それとも夜でしょうか？

見えるものを、5つあげてみましょう。

きこえる音を、4つあげてみましょう。

ふれることができるものを、3つ見つけられますか？

香りを感じるものを、2つ見つけられますか？

味を感じるものは、なにかありますか？

おしゃれなチワワのビリー・ジーン

こまったさん

ビリー・ジーンが子犬の学校に着いたのは、ちょうどクラスが算数の宿題を提出しているときでした。ビリー・ジーンは自分の席にかけこむと、バッグからワークシートをとり出し、くしゃくしゃになった紙や折れたえんぴつ、古くなったビスケットをいくつか床にこぼしました。ビリー・ジーンは顔をまっかにしながら、急いで片づけました。そのとなりで、ジュリア・パグがサングラスをかけるふりをして、シエナ・シュナウザーに「ほんとうに、こまったさんだわ！」とささやきました。シエナはくすくす笑いました。

ビリー・ジーンは気づいていないふりをしました。ジュリアは、いつもほかの子犬たちをからかっていました。先週末も、ジュリアはラブラドールのタナーのたんじょうびパーティーで、ビリー・ジーンをからかいました。
ジュリアは、ビリー・ジーンが"ハッピーバースデー"の歌を歌わないのは失礼だと言いました。ビリー・ジーンは失礼なことをしたつもりはなかったのですが、テーブルの上のクッキーがとてもおいしそうだったので、つい一口食べてしまったのです。食べながら歌を歌うのは、だれだってむずかしいでしょう？

「ジーン？　10番の答えを教えてください」

ビリー・ジーンはベリー先生の質問におどろきました。急いで考えないと！　ビリー・ジーンは集中するために、ゆっくり3回呼吸をして答えました。10番の答えは「リンゴ14個」でした。

ADHDの子どものためのマインドフルネス

といかけ

➡ ビリー・ジーンのバッグの中身はぐちゃぐちゃでした。バッグの中身を整理してきれいにしておくのは、かんたんだと思いますか？　それともむずかしいでしょうか？

➡ ビリー・ジーンにとって、学校で集中することはむずかしいことです。あなたはそう感じたことがありますか？　一番理解しやすい科目はなんですか？　一番むずかしいのはなんの科目でしょうか？

アクティビティ
子犬の呼吸

しずかな場所を見つけて座り、目を閉じます。

リラックスして自然な呼吸をします。

おなかに手を当て、呼吸に合わせて海の波のようにおなかが上がったり下がったりするのを感じとります。

呼吸の通る道をたどるイメージをしてみましょう。息が鼻先からからだのなかに入って、おへそに向かって下がっていくのを追いかけます。そして、また息を上にたどります。息が入って、そしてまた出ていきます。鼻からおへそまでおりてきて、そしてまた戻っていきます。息が行ったりきたりします。

ベリー先生との大切なおはなし

ベリー先生は宿題のチェックをおえると、図書室まで移動するので、列にならぶように、と子犬たちに言いました。

「ジーン、あなたはここで待っててね」ベリー先生はやさしい笑顔で言いました。

ビリー・ジーンは心配になりました。なにか悪いことをしたのかしら？

ベリー先生はビリー・ジーンを大きな机に座らせました。先生は１枚の紙をとり出し、たてと横に２本ずつ線を引きました。

「三目ならべをしない？」

ビリー・ジーンは三目ならべが大すきでした！　一緒に遊びながら、ベリー先生がきれいなリボンのことをたずねてくれたので、ビリー・ジーンはパリでのできごとを話しました。

「あなたはとても頭がいいし、とても親切ね」ベリー先生は言いました。
「でもときどき、話をきくのに苦労したり、集中できなかったりすることはない？」
ビリー・ジーンはサングラスをはずし、おどろいて先生を見つめました。そして言いました。「そのとおりなんです。先生、わたしのこと、おこっている？」
「ちっともおこってなどいませんよ」ベリー先生は言いました。

おしゃれなチワワのビリー・ジーン　91

「じつはね、わたしも集中するのが苦手なのよ」

「そうなの？」ビリー・ジーンは言いました。

「そうよ。わたしは頭がよくて、とてもクリエイティブなんだけど、みんなよりがんばらないといけないことがあるの。たとえば、注意をはらったり、きちんと片づけたりすることなんかね」

「ほんとうに？」ビリー・ジーンはたずねました。

「ほんとうよ！　だれだって、得意なことと苦手なことがあるわ。たとえばわたしはいい先生かもしれないけれど、バスケットボールは上手じゃないのよ」

ビリー・ジーンは笑いました。

ベリー先生は続けました。
「あなたは読み書きが得意ね。三目ならべも上手だわ。ただ集中するのが苦手なのね。そうだとしたら、なにかわたしが力になれるかもしれない」

といかけ

→ だれにでも得意なことと苦手なことがあります。
　　ビリー・ジーンは読み書きと三目ならべが得意です。
　　そして、集中すること、バッグを整理すること、時間を守ることが苦手です。
→ あなたはなにが得意ですか？　そして、苦手なことはなんですか？

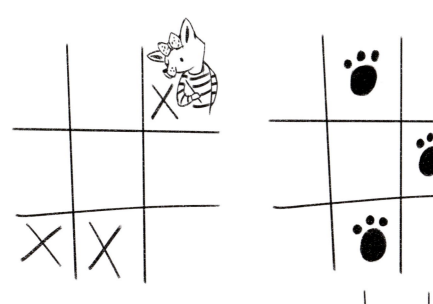
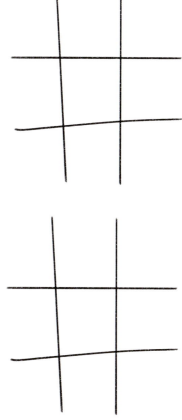

アクティビティ
三目ならべ
さんもく

三目ならべゲームをしましょう！一緒に遊ぶ友だちかおとなを探します。どちらが「×」を使い、どちらが「🐾」を使うかをえらびます。先にたて、横、ななめに、×を3つ、または🐾を3つならべた人が勝ちです。どちらも3つならべることができなかったら、引きわけです！ そのときはもう一度やってみましょう！

おしゃれなチワワのビリー・ジーン

ベリー先生のまほう

それから数日のあいだ、ベリー先生はビリー・ジーンをたくさん助けてくれました。先生は、ビリー・ジーンを黒板の近くに座らせました。そしてビリー・ジーンが宿題を色わけするのを手伝ってくれたり、ちゃんと注意をはらうことができたら、机ににこちゃんマークをはってくれたりしました。先生は、ビリー・ジーンがじっと座っていることに苦労しているのに気づいたら、手紙を職員室に届けさせたりして、少しからだを動かすようにしてくれました。

ベリー先生は毎日、授業中にバッグを片づける時間を作り、宿題を書きこめるとくべつなわんパッドを全員に配りました。さらに、感情が大きく動いたり、やっかいだと感じたときに、水のうつわで気持ちをおちつかせるまほうまで教えてくれました。

集中しやすくなったビリー・ジーンは、あたらしいことをたくさん学びました。おやつの骨をうめるにはどの方法が一番いいかを見つけ出し、正しいほえ方のエチケットを練習し、人間の警察を助ける犬のビデオを見ました。ビリー・ジーンは自信を持つようになり、なにかあたらしいことに挑戦したいと思うようになりました。休み時間には外に出て、水のうつわのまほうを使って感情をおちつかせました。

といかけ

→ ビリー・ジーンは、感情が大きく動いたり、やっかいだと感じることがあります。それはどういう状態でしょうか？
あなたもこれまでに、そのように感じたことはありますか？

→ ベリー先生はビリー・ジーンをいろいろな面で助けてくれました。あなたの先生は、クラスのみんなをどのように助けてくれますか？

→ あたらしいことに挑戦しようとして、心配になったことはありますか？

おしゃれなチワワのビリー・ジーン　95

アクティビティ
気持ちの水のうつわ

うつわにつめたい水を入れます。水をよく見てみましょう。とう明ですんだ水に注目してみます。指先で表面に軽くふれてみましょう。

指を持ち上げ、水てきがうつわにおちるのを見ます。
うつわの中をじっと見つめ、あなたが感じている感情に気持ちを向けます。たとえばそれは、うれしさ、悲しさ、イライラ、おだやかさといった感情でしょうか。

それぞれの感情を水の中の泡のように想像してみます。ひとつひとつの気持ちを感じながら、それが水の中で形づくられ、うつわの上まで上がってきて、やがて浮かんで消えていくのを想像してみましょう。

もしよければ、最後につめたい水を少し顔にかけてみてもいいですね。リフレッシュしましょう！

ビリー・ジーンはオールスター？

ビリー・ジーンは休み時間に野球をしたいと思いました。ビリー・ジーンは、いとこ一緒に野球で遊ぶのが大すきでしたが、学校ではいつもサングラスをかけていました。大きなサングラスをかけたまま、ボールを投げたりキャッチしたりするのはむずかしいですよね？　ビリー・ジーンは思い切って、勇気のある選択をしました。サングラスを外し、自分のロッカーにしまって、休み時間に外に出たのです。

コーチはビリー・ジーンを青チームに入れ、ピッチャーをさせてくれました。ダルメシアンのバークレーが打席に立つと、パグのジュリアはにやりと笑いました。「バークレー！　かんたんにホームランが打てるわ！」ジュリアは叫びました。

運動場はしずまり返り、みんながビリー・ジーンをじっと見ました。そしてビリー・ジーンがボールを持ち上げてとても上手に投げるのを見て、みんなはとてもおどろきました。

おしゃれなチワワのビリー・ジーン

「ワン・ストライク！」審判が叫びました。

バークレーはおどろいた顔をしました。そして次のボールを、バットで強くふりました。

「ツー・ストライク！」

バークレーは3球目、ボールを見てバットを止めました。

「スリー・ストライク！」

ビリー・ジーンのチームは歓声をあげました。でもバークレーは悲しそうでした。ビリー・ジーンは小走りでバークレーに近づき、ハイタッチをして笑顔を見せました。

「ナイス・トライ」とジーンは言いました。

「ありがとう！」バークレーは言いました。「きみが野球をすきだなんて知らなかったよ。来週末、ぼくのたんじょうびに野球をしにくるかい？」

「うん！」ビリー・ジーンは言いました。

といかけ

→ ビリー・ジーンはサングラスを外すという思い切った勇かんな選択をしました。なぜジーンの選択は勇かんなのでしょうか？

→ あなたは、思い切った勇かんな選択をしたことがありますか？

→ ビリー・ジーンはバークレーが三振したとき、歓声を上げませんでした。それは正しい選択だったと思いますか？

アクティビティ

幸せをわかち合い、幸せを育てよう

心地よい姿勢で座って、目を閉じましょう。
だれもがさまざまな感情を経験することを、考えてみましょう。

家族や友だちなど、身近な人を想像してみてください。幸せなとき、その人はどんな表情をして、どんなふうにふるまっていますか？　どんな声を出しますか？　よろこんでいるときと、悲しんでいるときやおこっているときとでは、ちがうふるまいになりますか？

では、やさしい願いを相手に送ってみましょう。相手がよろこんでいるところを想像してみます。そのときあなたはどう感じますか？あなたは、相手がよろこぶようなことをしてあげられるでしょうか？ぜひやってみましょう！

おしゃれなチワワのビリー・ジーン　99

バークレーへのプレゼント

ビリー・ジーンは、クローゼットを開けて、バークレーのたんじょうびパーティーに着ていくとくべつな服を探しました。サングラスは引き出しにきちんとしまっておき、ピンクのセーター、キラキラ光るルビーがついた黒いベルベットのリボン、小さなエッフェル塔の形をしたイヤリングをえらびました。

コンコン！　とノックの音がしました。「ジーン、あと15分で出発よ」
お母さんが部屋に入ってきて、となりに座りました。「まあ、きれいよ！　そのリボンがあなたのひとみのかがやきを引きたてているわ」

ビリー・ジーンはほほえんで、くるりと回ってお母さんに見せました。
「ところで、バークレーへのプレゼントはなにになしたの？」お母さんはたずねました。

「しまった！」ビリー・ジーンは叫びました。ビリー・ジーンはプレゼントのことをすっかり忘れていたのです。
「大丈夫よ。いい考えがあるわ」お母さんは言いました。

100　ADHDの子どものためのマインドフルネス

ビリー・ジーンのお母さんは、あざやかな青いおりがみをとり出しました。お母さんは、おりがみで美しいオブジェを作るやり方を教えてくれました。完成すると、その紙はまるで子犬のようになりました。そしてお母さんは、クッキーを中に入れるのを手伝ってくれました。なんて楽しいサプライズでしょう！

「計画を立てるのを忘れてこまったときには、クリエイティブになってみるといいのよ」

ビリー・ジーンのお母さんは笑って言いました。

といかけ

→ ビリー・ジーンはバークレーにプレゼントを用意するのを忘れていました。あなたはなにか忘れ物をしたときのことを覚えていますか？　それはなんでしたか？　また、その忘れ物のせいでこまったことを、どのように解決しましたか？

→ ビリー・ジーンのお母さんは、クリエイティブに問題を解決することを教えてくれました。クリエイティブとは、どういうことでしょうか？　どうすればクリエイティブになれるでしょうか？

おしゃれなチワワのビリー・ジーン　　101

アクティビティ

おりがみサプライズ！

1. おりがみを、角が上になるように机の上に置きます。
上の角と下の角が重なるように半分におります。

2. 左の角と右の角が重なるように半分におり、おり目をつけます。

3. 左の角を点線に沿っており、耳の形にします。右側も同じよう
にしましょう。

4. 下の角を点線に沿って上におります。

5. 目と鼻をかいて、できあがり。

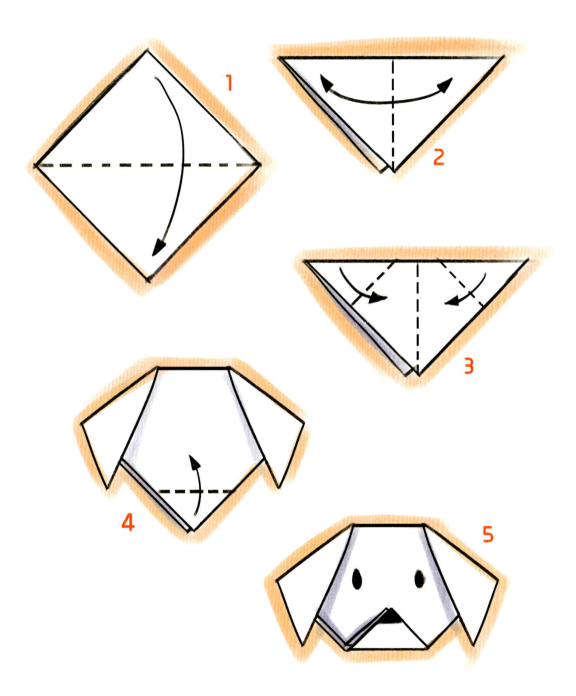

おたんじょうびパーティー

ビリー・ジーンがパーティー会場に到着すると、バークレーはおじぎをして親切に出むかえてくれました。ほかのメンバーもよろこんでむかえてくれたので、ビリー・ジーンはびっくりしてうれしくなりました。ジョシュ・ロットワイラーは部屋の向こうからクッキーを持ってきてくれましたし、双子のペキニーズは、ピンクのセーターをすてきだとほめてくれました。銀の毛なみをしたテリアのメーリーは、来週夕食にこないかとさそってくれました。

みんなは野球をしにバークレーの裏庭に出かけました。
バークレーはビリー・ジーンをチームメイトにえらびました。ビリー・ジーンがポップフライを打ってジョシュ・ロットワイラーにかんたんにキャッチされても、だれもおこりませんでした。ジュリア・パグでさえ、「ナイス・トライ、ジーン！」と言ってくれました。

試合がおわると、バークレーのお父さんが、チキンライスでできた大きなケーキを持ってきました！　ビリー・ジーンはシエナとメーリーのあいだに座り、食べながら音楽や野球についておしゃべりしました。バークレーはビリー・ジーンのプレゼントを開けると、うれしそうな顔をしました。
ビリー・ジーンは幸せでした。おいしいケーキ、野球の試合、パリへの旅行、あたらしい友だち。そしてなにより、自分を愛してくれて、とくべつに大切だと感じてくれる家族とベリー先生がいます。

104　**ADHDの子どものためのマインドフルネス**

といかけ

→ ビリー・ジーンがパーティーを楽しむためにしたことを3つあげてみましょう。

→ バークレーのケーキは、彼の大好物のチキンライスでできていましたね。あなたのすきな食べ物でケーキを作るとしたら、それは一体どんなケーキでしょう？

おしゃれなチワワのビリー・ジーン

アクティビティ

ありがとうを書いてみよう

今日ありがとうと思ったことを３つ以上書いてみましょう。
ありがとうの気持ちを絵にかいたり、コラージュしてみたりしても
いいですね。

このアクティビティを、白い紙を使って１週間毎日くり返し、自分
がどう感じるかためしてみましょう。もし気に入ったら、ずっと続
けてみましょう！

ハッピーエンド

パーティーがおわると、メーリーはビリー・ジーンに電話番号をわたし、ディナーの計画を立てることにしました。ビリー・ジーンはとても幸せで、お母さんの車にかけこみ、パーティーのことをすべて話そうとしました。

「わたしはバークレーのチームに入ったの」ビリー・ジーンはいきおいよく言いました。「ポップフライを打ったんだけど、キャッチされちゃった。でもだれも気にしなかったわ。それからね、ピッチャーとして完ぺきなストライクを３つもとったのよ。わたしがそんなことできるって知ってた？」

お母さんはほほえみました。

「チキンライスでできたケーキも食べたし、シエナはダンスがすきだし、来週末はメーリーのおうちのディナーにさそわれたの！」

「ジーン！」お母さんは言いました。「早口でよくわからないわ」

ビリー・ジーンは、パーティーがどんなにすばらしくて、どんなに幸せだったかをお母さんにわかってもらいたかったのです。でも、まずはおちつかねばなりませんでした。ビリー・ジーンは話すのをやめて、からだをくねらせしっぽをふって、気持ちがおちつくのを待ちました。そしてようやく、もうちょっとゆっくり話せるようになりました。

「おちついたわ、お母さん」ジーンは満面の笑顔で言いました。
「はじまりはね、バークレーがドアを開けてくれたときからなの....」

おしゃれなチワワのビリー・ジーン　**107**

といかけ

➡ ビリー・ジーンはとっておきの一日をすごしました。あなたがすごしたとっておきの一日について、お話しできますか？

➡ ビリー・ジーンは気持ちが高ぶると、大きな声で早口になります。あなたは、大きな声や早口になって、人にわかってもらえなかったことはありますか？

アクティビティ

しっぽをふろう

背筋をのばしてまっすぐに立ちます。
両ひじを曲げ、両手でやさしくにぎりこぶしを作ります。

幸せなことを考えて、自分のからだに起こることに気持ちを向けてみます。気持ちがたかぶると、「しっぽ」をふりたくなりますか？

こしをくねらせ、うでを左右にふってみましょう！

幸せな気分になればなるほど、こしをくねらせて、うでを左右にふるスピードが速くなります。

もっともっと、速く動いてみます！
そして、もういいと思ったら止まりましょう。
深呼吸をして、リラックス！

108　ADHDの子どものためのマインドフルネス

ADHDのこと、動物たちにきいてみよう！

鳥のフィグ

あなたのお話の中で一番すきな場面は？
お友だちのファーンと出会ったところだよ。

ADHDはあなたをどんな気持ちにさせますか？
かけっこするような速い気持ち！ ぼくは飛ぶのも速いし、考えるのも速いし、話すのも速いんだよ！ たまには、早すぎて、ゆっくりするようにしないといけないこともあるんだ。

お気に入りのアクティビティはありますか？
「羽をなびかせる呼吸法」！ 羽におおわれているから、やりやすいんだ。「森の名づけ遊び」で虫を見つけるのもすきだよ。

ADHDであることをとくべつに感じることは？
ADHDの人も、それぞれみんなちがうよ。ぼくがとくべつだと思うのは、エネルギーがいっぱいで、いつでも楽しく感じられるところかな。

この本を読んでいるお友だちになにかアドバイスできるとしたら？
自分でいられることを、よろこんでいてね！

キツネのファーン

あなたのお話の中で一番すきな場面は？
ベリーを見つけたところ。

ADHDはあなたをどんな気持ちにさせますか？
自分の考えが大きくふくらんだりおもしろかったりするときがあって、そういうときには人の話をきくのがむずかしくなるの。

お気に入りのアクティビティはありますか？
「くねくねフリーズ遊び」と、「キツネのようにしずかに」がすきよ。

ADHDであることをとくべつに感じることは？
ADHDのおかげで、わたしは想像力がゆたかなの！

この本を読んでいるお友だちになにかアドバイスできるとしたら？
森の中をおさんぽするときに、虫のことを考えちゃだめよ！

子犬のルーシー

あなたのお話の中で一番すきな場面は？
ハーブのお庭で穴をほったとき。とても楽しかったわ！

ADHDはあなたをどんな気持ちにさせますか？
エネルギーがいっぱいなの！　動き回るのがすきだし、退屈するのがいやなの。

お気に入りのアクティビティはありますか？
「説明しにくい気持ちに名前をつけてみよう」をすると、いつも気持ちが楽になるわ。

ADHDであることをとくべつに感じることは？
広い心をもつのに役立っていると思う。

この本を読んでいるお友だちになにかアドバイスできるとしたら？
いい仲間を見つけてね！

ADHAのこと、動物たちにきいてみよう！

ウサギのルーシー

あなたのお話の中で一番すきな場面は？
みんなでDJドレイパーの曲に合わせて踊ったとき！

ADHDはあなたをどんな気持ちにさせますか？
ほかの人にそわそわしているところを見られたくないときに、はずかしいなと思うことがあるけど、たいていは、みんなと変わらないし、同じだと感じるわ。

お気に入りのアクティビティはありますか？
「動物ビスケット」のアクティビティがお気に入り。ニンジンでもできるのよ！

ADHDであることをとくべつに感じることは？
わたしの親友の子犬のルーシーににているところかな。

この本を読んでいるお友だちになにかアドバイスできるとしたら？
あたらしいことに挑戦してみて。そして決してあきらめないでね！

チワワのビリー・ジーン

あなたのお話の中で一番すきな場面は？
サングラスを外して、野球をしにいったところ！

ADHDはあなたをどんな気持ちにさせますか？
注意が続かなかったり、みんなとちがう行動をとったりすると、はずかしい気持ちになることがあるの。自分がなにをすべきなのかわかっていても、それができないこともあるわ。

お気に入りのアクティビティはありますか？
パリのことを考えて、マインドフルにぬり絵をすると、気持ちがおちついて幸せになれるの！　おちつきたいときには、「子犬の呼吸」も役に立つわ。

ADHDであることをとくべつに感じることは？
ADHDのおかげで、先生ともっと仲よくなれたし、勇気を持つことができたのよ。

この本を読んでいるお友だちになにかアドバイスできるとしたら？
おとなに相談してみて。必要なときには助けを求めてね！

ADHAのこと、動物たちにきいてみよう！　113

さあ、
やってみよう！

この本で学んだマインドフルネスのアクティビティを、自分の生活にとり入れてみましょう。バスケットボールやピアノを習うように、上手になるためには毎日の練習が大切です。この章では、それぞれのお話の中からいくつかの例をあげて、練習のきっかけをつかんでもらいます。

この章の最後には、あなたの大すきなおとなたちにマインドフルネスを教えてあげることができるとくべつなコーナーがあります。

おうちでマインドフルネスをやってみよう

マインドフルネスのアクティビティがどんなふうに動物たちの役に立ったか、またおうちでどのようにためすことができるかについて、お話ししてみましょう。フィグは利口な小鳥で、心があちこち飛びまわり、よく気持ちが高ぶります。マインドフルネスは、フィグの心をおちつかせ、考えをはっきりさせるのに役立っていましたね。ファーンはフィグのやさしい親友で、注意をはらいたくても、すぐに気がちってしまいます。マインドフルネスは、ファーンがまわりの音をよくきいて、考えを集中させるのに役立っていました。ウサギのルーシーはダンスが得意ですが、一度踊りはじめるとなかなかやめられません。音楽が止まっても、ウサギのルーシーの耳はピクピクと動き続け、足はトントンとなり続けてしまいます。マインドフルネスのおかげで、ルーシーは全身の筋肉がほぐれ、からだがおちついてきました。子犬のルーシーはエネルギーがいっぱいで、いろいろな感情を強く感じます。マインドフルネスは子犬のルーシーのさまざまな感情をしずめ、おだやかな気持ちにさせてくれました。ビリー・ジーンはとてもかしこいチワワですが、空想に夢中になったり、忘れっぽかったり、遅刻したりします。マインドフルネスのおかげで、ジーンは集中し、ものごとを覚え、成長し続けることができました。

マインドフルネスが動物の友だちをどのように助けてくれたのか、わかりましたか？　それでは次に、マインドフルネスのアクティビティがあなたをどうやって助けてくれるか、考えてみましょう！　この本にのっているアクティビティはどれも、家でも、外でも、学校でも、いろいろな場所で使えます。動物のお友だちのお気に入りをいくつかやってみましょう。

フィグのお気に入り: 森の名づけ遊び

ファーンが空想にふけって、人の話をきいたり注意を向けたりするのがむずかしくなったときに、フィグとファーンは「森の名づけ遊び」（22ページ）のアクティビティをしました。この遊びは、わたしたちを今このときに連れ戻してくれて、なにが起こっているのかに気づかせてくれます。集中力を高めて、今やるべきことを思い出させてくれます。

→ **心があちこちさまよって、うまくなにかにとりくめなくなることはありませんか?**

がんばってやっているのに、着替えや朝ごはんのときにおとなに注意されることはありませんか。多くの子どもたちが、そんな経験をしています。そんなときは、「森の名づけ遊び」が役に立ちます。

→ **学校で、集中することがむずかしい科目はありますか?**

あなたにとって、むずかしい科目や、あまりおもしろくない科目について考えてみましょう。学校の授業で心がさまよってしまうのは、先生の話をきくのがむずかしいからかもしれませんね。そんな経験はありませんか?　そんなときは、しずかに「森の名づけ遊び」をすると助けになるでしょう。

→ **野球をしていて、外野席で退屈しているとしたら?**

森の名づけ遊びを練習すると、自分が今どこにいて、なにをすることが大切なのかを思い出すことができるようになります。

集中し続けるために、「森の名づけ遊び」をためしてみたいときを書き出してみましょう。

．．．

．．．

．．．

．．．

さあ、やってみよう!

ファーンのお気に入り：キツネのようにしずかに

ファーンとフィグは森の中のいろんなものに気をとられていて、ベリーをどこで見たか思い出せなくなっていましたね。そこでふたりは、「キツネのようにしずかに」（37ページ）のアクティビティをやって、心を整理し、思い出せるようにしました。「キツネのようにしずかに」は、大切なことを思い出させてくれます。また、ただ心をととのえ、おだやかで平和な気持ちになりたいときにも役立つでしょう。

➜ **大切なものをなくしたことはありますか？**

たとえば、昨日の夜にやったばかりの宿題を、失くしてしまったことはありませんか？　家中を探し回る前に、「キツネのようにしずかに」をやってみましょう。そして、それがどこにあるか、思い出せるかどうかためしてみましょう。

➜ **もしかしたら、ちょっとしたものをなくしてしまうかもしれませんね。**

たとえば、くつをなくしてしまう子は多いですね。「キツネのようにしずかに」をやってみると、くつをどこに置いたのか思い出しやすくなり、くつを見つけやすくなります。

➜ **いろいろなことを考えて、頭の中がグルグル回っていることはありませんか？**

もしかしたら、これから起こるワクワクする出来事のことが頭からはなれなかったり、パズルの答えを出そうとしていたり、くり返しなにかを考えていたりするかもしれませんね。「キツネのようにしずかに」は、あなたの心をすっきりさせ、あなたを悩ませている考えをふき飛ばすのに役立ってくれるでしょう。

なにかを思い出したり、心をととのえておだやかにするために、「キツネのようにしずかに」をためしてみたいときを書き出してみましょう。

. . . .

. . . .

. . . .

118　ADHDの子どものためのマインドフルネス

ファーンのもうひとつのお気に入り： くねくねフリーズ遊び

フィグとファーンは、「くねくねフリーズ遊び」（28ページ）のアクティビティを見つけ出し、楽しんで遊んでいます！　とくにフィグは、からだがエネルギーでいっぱいでじっとしていられないときに、この遊びをするのがすきです。フィグのように、からだをくねくねさせたいと感じたことはありますか？

➡ 本を読んでいるときやボードゲームをしているときに、じっとしているのがつらくなったことはありませんか？

じっとしていなければならないときにかぎって、わたしたちはからだをくねくねさせたくなるものです。じっとしていなければならなくなる前に、「くねくね遊び」や「フリーズ遊び」をすると、座っていられるようになるかもしれませんよ。

➡ おとなの手助けを待ったり、友だちが遊びにくるのを待ったりすることがありますか？　もしかしたら、親と一緒にお店の前で長いあいだ、ならんで待つことがあるかもしれませんね。

たくさんの子どもたちが苦手なもうひとつのことは、「待つ」ことです。待っているあいだ、くねくねしたい気持ちでいっぱいになるでしょう！　しずかに「くねくねフリーズ遊び」をすると、そんなくねくねしたい気持ちがしずまるでしょう。

わたしたちのからだは、夜寝るときにとくにくねくねしたくなります。「くねくねフリーズ遊び」は、寝る前のくねくねやぐずぐずをしずめてくれるので、からだがリラックスして眠れるようになります。

くねくねをしずめるために、「くねくねフリーズ遊び」を使えそうな時間を書き出してみましょう。

· ·

· ·

· ·

さあ、やってみよう！　119

ウサギのルーシーのお気に入り：動物ビスケット

ウサギのルーシーは、足や耳、鼻をじっとさせておくことがむずかしいとき、からだをおちつかせるために「動物ビスケット」のアクティビティ（60ページ）をやってみました。マインドフルに食べると、手や口を動かすことができますし、からだのほかの部分がしずかにおちついてくるかもしれません。おまけに、おいしいものを一口食べると、おだやかな気持ちになって、集中できるようになりますね！

➡ **たんじょうびパーティーのような、にぎやかな楽しい場所で、食べ物をすすめられたことはありませんか。**

ウサギのルーシーのように、最初の一口か二口、マインドフルに食べると、走り回ったり飛びはねたりしたあとでも、じっとしていられるようになるかもしれません。

➡ **夕食の席で、友だちや家族が食べおわるのを待つのがつらいと感じることはありませんか？**

最後の何口かを、マインドフルに味わってみてください。そうすることで、食事の時間が長くなり、ほかの人が食べおわるのを待つあいだ、からだがじっとしずかになります。

➡ **学校で机に座っているとき、からだがそわそわしてよく動くことがありませんか？**

もし許されるなら、小さなお菓子をいくつか持っておくとよいでしょう。一日に何度かしずかに口に入れ、先生の話をききながら、ゆっくりマインドフルに食べるとよいでしょう。許されない場合は、冷たい水を少しマインドフルに飲んでみて、からだをおちつかせ、心をリフレッシュさせましょう。

からだをおちつかせたいときや、マインドフルに食事したいときを書きとめておきましょう。

120　ADHDの子どものためのマインドフルネス

子犬のルーシーのお気に入り：
説明しにくい気持ちに名前をつけてみよう

ウサギのルーシーと子犬のルーシーは、自分のからだのなかにある感情に気づいて、「説明しにくい気持ちに名前をつけてみよう」（69ページ）のアクティビティをしてみると、気分がよくなりました。だれもが感情を持っています！　感情が強くなりすぎたときには、声に出して名前をつけてみるといいでしょう。

➡ **うれしすぎて、じっとしていられなくなったことがありますか？**

うれしすぎてじっとしていられなくなり、ソファーに飛び乗ったり、走り回ったり、物をひっくり返したり、いつもはしないようなばかげたことをして、こまってしまう子もいます。そんなときは、自分の感情に名前をつけてみましょう。

➡ **おこって爆発したことを思い出せますか？**

たくさんの子どもたちがこんな経験をしています。どうしておこっているのか、うまく説明できないこともあるかもしれませんが、自分の感情に名前をつけると、気持ちがおちつくかもしれません。お母さんやお父さん、あなたを助けてくれるおとなに、その感情について伝えてみましょう。

➡ **はずかしいってどういう意味か、知っていますか？**

人に説明するのが一番むずかしい感情のうちのひとつです。おとなと話し合ってみましょう。はずかしいという感情が、自分のからだでどのように感じられるかについて話し、次にそれを感じたときに、「はずかしい」と言ってみましょう。信じられないかもしれませんが、だれでもはずかしいと感じることがあるのです！

自分の感情に名前をつけたいと思ったときを書き出してみましょう。

· ·

· ·

さあ、やってみよう！　　**121**

ビリー・ジーンのお気に入り：子犬の呼吸

ビリー・ジーンは、学校に遅刻し、宿題についての質問に答えなければならないことに不安を感じたとき、「子犬の呼吸」（90ページ）のアクティビティをやってみましたね。心配事やストレスを感じたときに、わたしたちはよく不安になります。不安が起こると、筋肉が緊張したり、胸がドキドキしたり、考えがまとまらなくなったりします。「子犬の呼吸」にとり組んでみると、深くゆっくりとした呼吸ができるようになり、気持ちが安らぎ、集中力が高まります。

➡ **あなたはストレスや不安を感じたことがありますか？**

それはもしかすると、学校や習いごとに遅刻しそうになったときでしょうか。遅刻を心配すると、出かけるために必要なものを見つけるのがむずかしくなります。そんなときは、「子犬の呼吸」が助けになります。

➡ **やるべきことがたくさんある日はありますか？**

宿題がどっさりあるのに、ほかにもやらなければならないことがあるかもしれませんね。不安やストレスを感じはじめたら、「子犬の呼吸」をやってみるとよいでしょう。

➡ **スーパーマーケットのような広くてさわがしい場所で、こまってしまうことはありませんか？**

これも、「子犬の呼吸」が役立つよい例です。

からだと心をおちつかせるために、「子犬の呼吸」をためしたいときを書き出してみましょう。

....

....

....

....

....

122　ADHDの子どものためのマインドフルネス

おとなたちに宿題を出そう

おとなたちに宿題を出したいと思ったことはありませんか？

やってみましょう！

あなたが学んだことをおとなに教える楽しい方法があります！

おとなたちにとくべつな時間を作ってもらいます。約束の時間になったら、おとなたちといっしょに座って、紙とえんぴつをわたしましょう。そして、この本の中から、あなたのすきなアクティビティのトップ３を選んで読んできかせ、そのやり方を教えてあげます。何度も教えてあげる必要があるかもしれませんね。おとなだって、とくべつな手助けが必要なこともあります！

おとなにメモをとってもらいましょう。そして、練習する時間を少しあげます！

用意ができたら座り、あなたが教えた３つのアクティビティをやってもらいます。

やってもらったあとに、次の５つの質問に答えてもらいましょう。

1. 一番気に入ったアクティビティはどれですか？

名前：	名前：

さあ、やってみよう！　　123

2. アクティビティは気持ちをおちつかせるのに役立ちましたか？

名前：

....

....

....

....

....

名前：

....

....

....

....

....

3. アクティビティでこまったことはありますか？

名前：

....

....

....

....

....

名前：

....

....

....

....

....

4. どこかを変えたいと思うアクティビティはありますか？
   また、どのように変えたいですか？

名前：

名前：

5. またやってみたいと思うアクティビティはどれですか？

名前：

名前：

さあ、やってみよう！　　125

参考図書

The Family ADHD Solution: A Scientific Approach to Maximizing Your Child's Attention and Minimizing Parental Stress, by Mark Bertin (2011)

Good Enough to Eat: A Kid' s Guide to Food and Nutrition, by Lizzy Rockwell (2009)

A Handful of Quiet: Happiness in Four Pebbles, by Thich Nhat Hanh (2008)
Mindful Parenting for ADHD: A Guide to Cultivating Calm, Reducing Stress, and Helping Children Thrive, by Mark Bertin (2015)

Neurofeedback 101: Rewiring the Brain for ADHD, Anxiety, Depression and Beyond (without Medication), by Michael P. Cohen (2020)

Smart but Scattered: The Revolutionary "Executive Skills" Approach to Helping Kids Reach Their Potential, by Peg Dawson and Richard Guare (2009)

What Your ADHD Child Wishes You Knew: Working Together to Empower Kids for Success in School and Life, by Sharon Saline (2018)

参考ウェブサイト

「臨床心理士に出会うには」

https://www.jsccp.jp/near/

発達障害に対応可能な心理ケアを受けることのできる場所を検索できる。

「ADDitude: Inside the ADHD Mind」

https://www.additudemag.com/

ADHDに関連する記事やウェビナー、ポッドキャストを掲載している。

「Children and Adults with Attention-Deficit/Hyperactivity Disorder (CHADD)」

https://chadd.org/

ADHDの教育、支援、擁護のための情報サイト。

「National Institute of Mental Health」

https://www.nimh.nih.gov/health/topics/attention-deficit-hyperactivity-disorder-adhd

研究・統計、臨床研究への参加機会、無料パンフレットなどが共有可能なサイト。

著者　シャロン・グランド

専門的にも個人的にもADHDに精通している公認心理学者。アラバマ州のオーバーン大学で博士号を取得した後、故郷のニューヨークに戻り、心理学のインターンシップと神経心理学及びリハビリテーションの博士研究員を修了。長年にわたり家族や子どもたちと関わり、現在はロングアイランドでグループ診療所「波長心理学とニューロフィードバック」を運営。素晴らしいセラピスト・チームに恵まれ、心・脳・身体を通したレジリエンスとメンタルヘルスにアプローチしている。息子や夫、家族、友人と過ごす時間を大切にし、お菓子作りや歌、ダンスなど、苦手なことをたくさん楽しんでいる。

イラスト　タイア・モーリー

イラストレーター兼作家。作品はさまざまな児童書、雑誌、玩具、ブックモービルに掲載されている。どこに行くにもスケッチブックを持ち歩いている。TaiaMorley.com、@taiamorley参照。

訳者　芦谷道子（あしたに・みちこ）

大阪大学人間科学研究科博士課程単位取得退学。博士（医学）。滋賀大学教授。様々な医療機関や教育機関、福祉施設で心理療法に携わり、主に子どもの心身症に対する心理的支援や、マインドフルネスについての研究に従事。
臨床心理士、公認心理師、グローバルマインドフルネスコラボラティブ認定MBSR講師、英国MiSP認定Teach.b講師（中高生のためのマインドフルネス認定指導者養成講師）。
著書に『こころしずまるまほうのまねっこ』（gakken）、訳書に『小さな子どもといっしょに楽しむマインドフルネス』『子どものためのおだやかマインドフルネス』「こどもすこやかマインドシリーズ」（創元社）、『マインドフルネスな先生、マインドフルな学校』（金剛出版）などがある。